AF494948

OKSEGJETERENS ZEN

AV

TENSHO SHÛBEN

&

KUOAN SHIHYAN

INTRODUSERT OG KOMMENTERT

AV

RUNE ØDEGAARD

Oksegjeterens Zen
© Rune Ødegaard 2014

Utgitt av Krystiania forlag
Oslo, Norge

Førsteutgave 2014

Omslag: Rune Ødegaard & Joachim Svela

ISBN: 978-82-93295-03-7

www.krystiania.com

Zen er å gripe intetheten med erfaring.

Forord

Jeg er veldig glad i bilder og dikt som kan bidra til refleksjon og selvforståelse. Det meste jeg har av erfaringer med slike kunstneriske uttrykk, er omgang med vestlige billedserier med tilsvarende formål, slik som *Splendor Solis, Mutus Liber* og *Lambspring.*
Samtidig er jeg også oppmerksom på at kartet ikke er det samme som landskapet det skal beskrive. Jeg opplever slike bilder som uttrykk for situasjonsfotografier fra en indre reise; en indre reise gjennomført av en person som har hatt et ønske om å gi noe til andre vandrere som ønsker å legge ut på en tilsvarende tur.
Oksegjeterbildene beskriver en slik reise i zenbuddhismens drakt. Det er et enkelt og vakkert uttrykk til refleksjon, og kan være en nøkkel til dypere relasjon med øyeblikket og selve væren. De skiller seg fra de vestlige bildeseriene jeg er kjent med, ved at man ikke trenger inngående kunnskap til flere esoteriske tradisjoners symboler, myter og hemmeligheter for å kunne forstå hvilken prosess bildet

henviser til. Det eneste som trengs er noen enkle nøkler og erfaring med å gå veien. I denne bildeserien er det nesten nok å vite at gjeteren er oss selv og oksen er buddhanaturen. Buddhanaturen beskrives på forskjellige måter – zenmester Dogen omtaler det som virkelig virkelighet og at væren og det forgjengelige realiseres i tomheten.

Jeg har fått bistand med oversettelse av instruksjonene og diktene, og har selv forskjønnet dem i norsk språkdrakt. Videre har jeg også forsøkt å si noe om mine refleksjoner rundt serien og noe om erfaringene mine med å tilnærme meg dem. I disse kommentarene trekker jeg på min samlede erfaring fra zen, gnostisisme og andre vestlige esoteriske uttrykk. Det må imidlertid ikke forstås slik som at jeg påberoper meg noen enestående kunnskap som skal stå i særstilling til andres erfaring. Jeg påberoper meg ikke engang å holde meg til zen som sjanger, i den grad noe slik skulle finnes. Min bakgrunn er en blanding av zen og klassisk sethiansk gnostisisme, og jeg må lene meg til

zenmester Muso Kokushi som påpeker at det er mulig å formidle zen med uttallige uttrykk når man har grep om det fundamentale.
Meningen med denne lille boken er simpelthen å gi en utstrakt åpen hånd til den som vil ta til seg det jeg har i den.

Jeg deler derfor mine refleksjoner over det å reise med andre reisende; en reise jeg erfarer som en livslang og dyptgripende, men allikevel helt ordinært fenomen – en reise på vei til Ingensteder.

Rune Ødegaard
Ingensteder
Hestens år, 2014

Til zennistene i Nøkkerozen,

og alle andre som følger den veiløse veien.

Vintermeditasjonssamling 2014

INNHOLD

INTRODUKSJON

I det gamle Kina var oksen et veldig viktig dyr for å gjøre hverdagen levelig og arbeidet lettere. Det var et vilt dyr som ble et husdyr. Det er derfor ikke så merkelig at oksen er valgt som hovedsymbol i denne bildeserien. Hadde den imidlertid vært tegnet i dag, ville det kanskje ha vært en student på leting etter en internettilgang. Gyldigheten i bildene er imidlertid, slik jeg ser det, uforandret fra femtenhundretallet, da de ble laget av den japanske maleren og zenmunken Tensho Shûbun. Shûbun var abbed i Shôkokuji-templet i Kyoto.

Alle bildene har også en instruksjon og et dikt. Disse er attribuert til Kuoan Shihyan, en kinesisk zen-munk som levde under Sung-dynastiet. Disse versene er gjengitt i Rinzai-zenskolens håndbok *Zudokko, Den Giftmalte trommen.*

Tematikken i instruksjonene og diktene er overlappende, men det ene er mer lyrisk og det andre mer forklarende, til tross for at også forklaringen kan oppfattes som rimelig kryptisk. Min kommentar er derfor en kommentar på bildet, diktet og instruksjonen.

HVORFOR EN BILDESERIE?

Bildeserien forklarer en mulig reise innen erfaring med zen. Allerede ved å si dette, bryter man med noe av det jeg opplever som selve ånden i tradisjonen, for det finnes egentlig ingen progresjon eller reise. Så hvorfor da en bildeserie?

For det første er det viktig å presisere igjen at kartet ikke er landskapet. En bildeserie er statisk mens vår menneskelige omgang med virkeligheten er dynamisk.

Bildene kan imidlertid brukes som lytteverktøy for lærere eller som et prosesskompass for studenter, for bedre å forstå opplevelsene de har av egen praksis. Jeg opplever bildene som veiskilt. Veiskilt sier noe om retning eller hva stedet du er på heter, men ingenting om hvordan stedet er, hvordan veien vil oppleves eller hvordan den vil kunne fortone seg for den reisende. Dette er avhengig av den enkelte og hva den har med seg i reisevesken.

Å fordype seg i zen er en prosess fra å studere eller interessere seg for zen til å bli zen.

Bildeserien vil trolig være viktigere for den som allerede har opparbeidet seg noe erfaring med prosessen enn for den som nettopp har blitt veisøker. Min erfaring er at man gjennom å leve år etter år med zen eller gnostisisme, får en viss grad av forståelse av helheten i hvor man er og hvor neste skritt fører. Slik vil bildene og kommentarene kunne være et hjelpemiddel for den som vil reflektere over veien som er tilbakelagt, veien videre og stedet man er på nå. Mitt råd er å ta frem disse bildene og diktene fra tid til annen, kanskje én gang i året eller oftere, og se om de kan vekke noen form for gjenkjennelse eller gi noen aha-opplevelser. For selv om alle må gå veien alene og alle vandringer oppleves forskjellige ut fra hvor vi er i livet, er det allikevel noe gjenkjennelig vi kan dra veksel på i andres erfaringer. Og slik kan bildene kanskje være et slags reisefølge for oss alle.

Tre prosesser i én bildeserie

Det er flere måter å gripe fatt i denne serien på, og jeg har valgt å beskrive bildene som uttrykk for tre suksessive prosesser. På denne måten utgjør bilde nummer en til tre én prosess, fire til seks en annen og syv til ni den siste.
Bilde nummer ti er avslutningen eller begynnelsen på bildeserien. Det kan være stafettvekslingen mellom en læremester og en veisøker, samtidig som at læremesteren kan komme inn når som helst i prosessen. Slik kan dette bildet anses som seriens trumf eller joker.

Den første prosessen velger jeg å kalle "Veien til begynnelsen".
Disse bildene beskriver veien fra at vi blir oppmerksomme på et behov for å komme til en nærmere forening med eksistensen, forståelse av livet vårt eller søken etter en opplevelse beskrevet av andre. Disse tre bildene kulminerer i at gjeteren ser oksen, at vi får en første erfaring med zen og slik forrykker perspektivet fra tro eller andres lære til egen gryende innsikt.

Den andre prosessen har jeg valgt å kalle ”Veien mot å erkjenne seg selv som én”.
Denne prosessen starter med at vi har hatt en erfaring av buddhanaturen, men det oppleves som om den ikke er det samme som oss selv, at det er noe vi må tilegne oss eller som må passes inn i hvem vi opplever at vi er.
Denne prosessen avrundes når vi forstår at buddhanaturen er en del av oss selv, at det er én enhet. Og denne prosessen kan trolig anses som avslutningen for mange, da det de fleste søker er en opplevelse av en slags helhet.
Denne tilstanden er imidlertid fortsatt skjør.

Den siste prosessen kaller jeg ”Veien mot å erkjenne seg selv som ingen”.
Denne prosessen begynner når det ikke lenger er en okse og en gjeter. Det finnes bare mennesket. Og dette mennesket retter seg mot selve væren i kjærlighet. Denne prosessen oppløser forventningene til fremtiden og fordommer og nostalgi fra fortiden, og det er veien til en dyptgripende forsenkning i det evige øyeblikket.

Og ut på andre siden av denne prosessen som har forandret alt til å bli det samme som det alltid har vært, kommer mannen i bilde ti ut fra ødemarken for å dele og omgås med sine medmennesker på torget og på pubene.

Han er den uventede buddha.

VEIEN TIL BEGYNNELSEN

SØKER OKSEN

Introduksjon

Oksen er ikke borte, så hvorfor lete?
Vendt bort fra sin sanne natur oppstår splittelse:
Med tåkeblikk går helheten tapt.
Hjemmets åser forsvinner i det fjerne,
veiene deles igjen og igjen.
Brennende tanker om utbytte og tap.
Tanker om rett og galt
stikker opp som sverd.

Første dikt

Vasser gjennom tykt ugress, leter og leter.
Elver vokser, fjellene reiser seg,
uendelige veier.
Utslitt, fortvilet, uten et eneste spor.
Bare gresshoppens sang i lønneløvet.

Kommentar

Introduksjonen åpner med å si:
"Oksen er ikke borte, så hvorfor lete?"
Her kommer vi rett inn i hovedproblematikken: Hvorfor skal vi bruke tid på å finne noe som ikke er blitt borte?
Det er en vanlig tolkning av diktene og bildene at gjeteren representerer oss selv, den som søker erkjennelsesveien. Oksen sies å representere buddhanaturen, den virkelige væren.
Spørsmålet består allikevel: Hva leter man etter, og hvem er egentlig du som leter?
Svaret på dette er løsningen på selverkjennelsesprosessen som bildeserien forsøker å beskrive: Du leter egentlig etter deg selv.
Dette leder naturlig til spørsmålet: Hva betyr det? Og det er hele implikasjonen av at vi greier å ta til oss virkeligheten som den tydeliggjøres gjennom disse bildene.
Utgangsposisjonen er svært ofte en uro eller fortvilelse over ikke å forstå eller å mangle noe. Den første instruksjonen sier imidlertid at du ikke er forvillet, selv om du kan føle deg slik.

Du er nøyaktig der du er, og det vil du alltid være. Utfordringen er at du trolig ikke forstår hva dette betyr.
Det er ikke noe galt med deg. Dette kan selvsagt være greit å si for den som har kommet til klargjørende erkjennelse, for andre blir det bare en påstand eller en trosartikkel båret av håp. Det er like meningsløst som å forklare noen med klaustrofobi at det ikke er noe å være redd for i et trangt rom.

Så hva med den som ikke opplever verden fra dette perspektivet, som føler seg forvillet?
Se bare på den stakkars gutten på bildet: Det ser ut som om føttene er på vei i en retning, mens resten av ham vender seg en helt annen vei. Det er klart at denne gutten er i villrede om hvor han skal gå eller hva han skal fokusere på. Det er ingen helhet eller opplevelse av mål og mening med vandringen.
Og det er denne tilstanden som utgjør utfordringsbildet som er beskrevet i neste linje: *"Vendt bort fra sin sanne natur oppstår splittelse"*. Utfordringen ligger i at vi er kommet i en tilstand der vi har snudd oss bort fra selve

virkeligheten, og lullet oss inn i en verden av tenkte årsaker og sammenhenger; et spindelvev av motsetninger, estetiske og emosjonelle differensieringer. Vi er blitt fremmedgjort fra oss selv.

Zentradisjonen har ingen klar forklaring på hvorfor denne fremmedgjøringen har oppstått, og det er heller egentlig ikke nødvendig å dvele ved dette for å komme til hva som forløser tilstanden. Vi trenger egentlig bare her og nå, selv om allegorier og bilder ofte kan være til stor hjelp for å nå frem.

Teksten fortsetter med å forklare hva denne tilstanden medfører for oss, om vi er der:

"Med tåkeblikk går helheten tapt.
Hjemmets åser forsvinner i det fjerne,
veiene deles igjen og igjen:
Brennende tanker om utbytte og tap.
Tanker om rett og galt
stikker opp som sverd."

Først mister vi helhetsperspektivet, og mens vi beveger oss ut på søken, forviller vi oss lengre og lengre bort fra hjemmet, bort fra oss selv, fra virkeligheten slik den er tilgjengelig for alle.

Søken fører oss til uttallige korsveier, og valgene og veiene virker uendelige. Og i dette virvaret av veier og valg, forsøker vi å gjøre kalkyler av kost og nytte, rett og galt, mens vi i stedet for å nærme oss det virkelige, glir dypere og dypere inn i en illusjon av tankespinn.

Det eneste vi vet i denne situasjonen er at vi har prøvd å oppnå eller klargjøre noe vi ikke engang klarer å definere skikkelig; og nå er det på tide å erkjenne at vi til og med har gått oss skikkelig vill.

I denne erkjennelsen åpnes første bilde: Jeg ser sannheten i øynene, jeg har ikke funnet noen okse, oksen er ikke i stallen hjemme, og jeg vet sannelig ikke hvor jeg selv er hen heller!

Situasjonen oppleves som fortvilende, og i dette kan det også ligge en motivasjon for å fortsette, og i motivasjon er det kraft til å holde ut.

Vi har funnet begynnelsen.

Fanges man i første bilde, kan dette sammenliknes med å være et stykke drivved i en elv; den flyter dit strømmen fører og er totalt ubevisst om at reisen er en tur fra havet til havet, der alt er vann hele veien...

OKSENS SPOR

Introduksjon

Meningen forstås gjennom skriftene,
sporene finnes gjennom å se på læren.
Det er klart at alle kar er av samme materiale,
alt er den samme væren.
Om man ikke kan skille rett fra galt,
hvordan kan man skjelne det sanne fra løgn?
Har ennå ikke kommet videre,
men i det minste er sporene funnet.

Andre dikt

Spor fyller hele elveleiet og underskogen.
Inne i søtgresset – ser du den eller ikke?
Dypere og dypere inn i fjellets skjød,
der mulen står mot himmelen,
og intet kan skjules.

Kommentar

Nå har personene på bildet forandret positur, det ser ikke lenger ut som om hode og føtter er på vei i hver sin retning.

Han har funnet sporene og har samlet seg om en retning. I praksis kan dette dreie seg om at vi bestemmer oss for hvilken tradisjon vi vil studere eller hvem vi vil lære fra.

Introduksjonen begynner med å si noe om hvor han oppdaget sporene:

"Meningen forstås gjennom skriftene,
sporene finnes gjennom å se på læren."

Etter å ha kavet retningsløst rundt i selverkjennelsens krattskog, er det ofte andres erfaringer som kan kaste lys over ens egen vandring. Denne læren kan komme i møte mellom mennesker eller i møte med bøker. Dette kan vekke inspirasjon og opplevelse av at det finnes en tilnærming til søken som leder til større klarhet. Det kan komme tanker til oss om at vi ønsker å få til det vi ser at andre gjør, eller oppnå det en foregangsperson tilsynelatende har oppnådd. Vi ser spor.

Denne tilnærmingen er både rett og gal, for like mye som han har funnet et ytre mål å søke, så kan ikke sann erkjennelse bygges utenfor oss selv eller på det teoretiske planet. Den ytre søkenen kan være inspirerende og nesten romantisk i begynnelsen, men det er også gjerne i denne fasen man er opptatt av å lære seg zen. Erfaring lærer oss at den som bare vil lære seg zen aldri vil komme til erkjennelse, for det er bare en som blir zen som vil kunne nå det målløse målet. Zen er ikke et teoretisk studium, selv om teoristudium kan bidra til å bane vei for zen.

Selv om vi på dette bildet bare er ved begynnelsen av Veien, så er vi like fullt der. Og ved å ha gjenkjent sporene har ledestjernen kommet til syne; gutten på bildet har tilegnet seg kunnskap om veien, men har lite eller ingen erfaring. Til tross for dette opplever han at det som er blitt ham fortalt, har resonans med noe i seg selv. Men tro har ingen nytte om den ikke kan vise til virkelighet.

Så lenge læren i større eller mindre grad er en hypotese, snarere enn selve livet, vil tankene pendle mellom motpolene, indre – ytre, riktig – feil, høyt – lavt og så videre.

Det hjelper ikke å undertrykke disse tankestrukturene da dette bare vil konservere dem. Jo mer vi fokuserer på å gjøre riktige ting, jo større blir fokuset også på hva som er galt.

Det som imidlertid kan avspenne motsetningene, er å betrakte dem med en ledig og aksepterende oppmerksomhet. Det som er, det er!

La ikke egoet lure deg til å forveksle sporene med dyret eller det du leser med virkeligheten, for egoet ønsker ikke at motsetningene skal oppløses eller svekkes.

Egoet næres av dualitetstenkning og definerer verden i motsetninger og spenninger. Egoet kan til og med oppleve at den meditative udifferensierte oppmerksomheten vi finner i zazen, zenmeditasjon, truer dets eksistens og kan svare med uro og uforståelig engstelse.

Teksten påpeker prosessen slik:

"Det er klart at alle kar er av samme materiale,
alt er den samme væren.
Om man ikke kan skille rett fra galt,
hvordan kan man skjelne det sanne fra løgn?"

Status gjøres opp i siste del av instruksjonen:
*"Har ennå ikke kommet videre,
men i det minste er sporene funnet."*
Han har funnet et sted å starte, men han har ikke gått videre og begynt å omdanne teoriene til praktisk erfart væren. Fra dette perspektivet er begge sidene i dualiteten han sliter med, like riktige. Riktig og galt er begge riktige eller begge gale. Teorien han leser sier de ikke finnes, men han opplever dem som sanne. Hva skal man si om man ikke har erfaring?

I det andre verset bekreftes det at han har funnet sporet og landskapet forandrer seg. Han er på sporet og opplever gjennom sin teoretiske forståelse å være i mer oversiktlig terreng.
Erfaringsmessig er dette en fase med mye entusiasme og motivasjon, den åndelige reisen romantiseres og alt som er tilknyttet den blir magisk. Det kan nesten sammenliknes med en forelskelse. Fokuset ligger på en selv, sin søken og eventuelt de man søker sammen med, mens alt utenfor kommer i bakgrunnen.

OPPDAGER OKSEN

Introduksjon

Lytt, og se inngangen.
Se igjennom, og støt på kilden.
Slik er det med alle seks sanser,
alle handlinger gir den til kjenne.
Det er som salt i vann, eller lim i maling.
Løft blikket og alt er som dette.

Tredje dikt

Nattergalen synger på en gren.
Solen varmer, myk bris,
grønne piletrær på elvebredden.
Intet sted å løpe eller skjule seg.
Majestetisk hode og horn
som kunsten ikke kan gripe.

Kommentar

Introduksjonen som er forbundet med dette bildet, begynner med å si følgende:
"Lytt, og se inngangen."
Her henviser teksten tilbake til bilde to, der det blir fortalt at meningen kan forstås gjennom skriftene eller tidligere muntlig lære. Før var dette muntlig lære som ble formidlet fra lærer til elever. Nå, da denne læren er blitt skrevet ned, er vi ikke lenger så avhengige av å fortelle disse historiene.
Er læren forstått eller erfart? Om vi kan begripe hva ordet gjenspeiler i virkeligheten, vil dette åpne inngangen. Det er ikke så mye snakk om hemmeligheter og mysterier som oppmerksomhet, perspektiv og erkjennelse. For den som har dette, vil se at inngangen er skjult alle steder, mellom her og nå, at den alltid har vært rett foran øynene på oss.
Dette kan høres enkelt ut, men det enkleste er ofte det som er vanskeligst, for vi har en tendens til å gjøre det enkle mer komplisert eller ikke

ville akseptere at det er så enkelt som det fremstår.

Når vi har ervervet oss perspektivet, et slags ikke-vurderende grep, og ser mot oss selv, vil vi se det store og ubegrensede selvet, eller oss selv som væren. Eller som det sies i instruksjonen:

"Se igjennom, og støte på kilden."

Og møtet med oksen gjør noe med alle sansene, det påvirker alt:

"Slik er det med alle seks sanser,
alle handlinger gir den til kjenne."

Og denne erfaringen, som gjør alt klart, gjør også at vi erkjenner at alt tar del i den såkalte kilden, det grenseløse. Erfaringsmessig oppstår det et behov for å identifisere seg med den. Dette gir opphav til den overraskende og kan hende forvirrende innsikten i at alt egentlig er enhetlig, og at denne grenseløsheten finnes i alt som er:

"Det er som salt i vann, eller lim i maling.
Løft blikket og alt er som dette."

Dette betyr imidlertid ikke på noen måte at væren oppleves på denne måten, selv om det har vært en innsikt i at det egentlig forholder seg slik.

Teksten beskriver erfaringen av erkjennelse, kan hende en lynild-erkjennelse av å ha stått ansikt til ansikt med Sannheten. Det er det første møtet med den virkelige virkeligheten. Det er møtet med det vi har jaktet på. Er opplevelsen av møtet det samme som forventningene? Sjelden!

Idet vi har hatt dette møtet og erkjent det vi har erkjent, er det ikke mulig å av-erkjenne det. Vi kan ikke tørke det vi har innsett ut av øynene, om det skulle være ønskelig. Det som er, er virkelig, og det er alt som er. Og nå må vi forholde oss til det, enten vi liker det eller ikke. I alle tilfeller vil det kreve noe av den som har vært i dette møtet.

Noen tenker seg at dette er slutten på prosessen og opphever seg selv som mester etter dette møtet, andre lager religioner basert på opplevelsen og tilskriver erfaringen guddommelig inngripen. Men la deg ikke lure, og bygg ikke oksevisjonen inn i en like urealisert stall eller tempel. Dette er bare slutten på begynnelsen.

VEIEN MOT Å ERKJENNE SEG SELV SOM ÉN

Fanger oksen

Introduksjon

Lenge gjemte den seg i villmarken,
i dag har du endelig sett den.
Vanskelig å holde følge med den.
Den lengter etter åsene og søtgress,
lar seg ikke kue, vill som aldri før.
For å komme overens,
må man heve pisken.

Fjerde dikt

Bruk all kraft og grip om dyret.
Sterk og sta, den vil ikke kues.
Oppover åsene,
ned i den dypeste dal.

Kommentar

Okse-bevisstheten og gjeter-bevisstheten oppleves ikke som kompatible med hverandre. Det fortoner seg kan hende som en konflikt.
– Livet mitt er ikke i samsvar med innsikten i møtet med oksen.
Romansen fra bilde to er definitivt over.
I denne situasjonen er det lett å tenke seg til at oksen må temmes, men dette ville bety at buddhanaturen skulle passes inn i egostrukturen.
Dette indre arbeidet kan fortone seg som en sorg eller til og med som en depresjon.
Johannes av korset beskriver denne prosessen som *sjelens mørke natt*. Før møtet med oksen var vi forelsket i våre forestillinger om både reisen og målet. Nå er alt tatt fra oss, og det vi sitter igjen med er en okse som på ingen måte oppfører seg som vi hadde håpet på eller trodd.
I affekt forsøker gutten på bildet å utligne erfaringsgapet med å piske oksen.

Dette møtet er imidlertid egentlig en dans, men egoet opplever det som en kamp, egoets motstandskamp – mening mot eksistens og væren, forforståelse mot buddhanaturen. Dette er et viktig skritt, og det skal oppleves krevende: Den som ikke møter noen form for ambivalens i denne tilstanden, er mest sannsynlig ikke kommet inn i erfaringen. Hvordan denne prosessen bærer av sted, er avhengig av hvor stort kontrollbehov vi har. Tema for prosessen er uansett harmonisering.

"Vanskelig å holde følge med den.
Den lengter etter åsene og søtgress,
lar seg ikke kue, vill som aldri før.
For å komme overens,
må man heve pisken."

I bildet er mennesket og oksen bundet sammen; den såkalte foreningen er i gang, men det er egentlig ikke noen forening, for de var aldri egentlig atskilte...

Vrangforestillingen eller prosessen kan gi inntrykk av at det som kreves, er kamp.

I denne fasen er det særdeles viktig å stå løpet ut. Og her er tradisjonelt læremesterens og fellesskapets plass, som veileder og støtte. Prosessen vil allikevel gå høyt og lavt; dette er en innvielsesprosess, der gamle tenkemåter brytes og virkeligheten gradvis eller plutselig blir oss til del.

"Bruk all kraft og grip om dyret.
Sterk og sta, den vil ikke kues.
Oppover åsene,
ned i den dypeste dal."

Bearbeider oksen

Introduksjon

Når en tanke oppstår,
følger nok en annen etter.
Våkn opp, og alt blir sant,
forbli i søvn, og alt er falskt.
Dette skyldes ikke det ytre,
men kommer fra sinnet selv.
Hold repet fast,
vend ikkc om.

Femte dikt

Slipp ikke båndet eller pisken,
for dyret kan flykte på marken.
Gjet den til den er tam og rolig,
uten bissel og kjede følger den av seg selv.

Kommentar

Som vi ser av bildet er det ikke lenger noen utagerende aktivitet. Gutten og oksen går sammen, samme vei. Han har begynt å forsone seg med erfaringen med oksen. Alt ser harmonisk ut.

Dette er imidlertid allikevel et kritisk trinn, for selv om vi nå har en gryende erfaring med virkeligheten og virkelig væren, er den ikke godt integrert.

I denne tilstanden er vi svært sårbare for fantasier om oss selv og vår åndelige ervervelse. Dette kan fortone seg som hovmod og lyst til å løsrive oss fra tidligere lære og lærere, med bakgrunn i drømmen om at vi nå endelig er kommet til fullkommen fullendelse. Vi forledes lett i denne fasen av fantasier om oss selv og tanker om å genierklære oss selv, og lager slik en ny dualitet mellom de såkalte opplystes felleskap og alle andre mennesker. Dette er noe som vil være til større hinder enn utgangsposisjonen, da vi var på ubetenksom leting etter oksen, for da visste vi i alle fall at vi ikke visste. Her står vi i fare for å tro at vi har realisert buddhanaturen mens vi i virkeligheten bare så vidt har oppdaget den. Illusjoner og erfaringer med buddhanaturen lever side om side i bevisstheten, og de kan begge fortone seg som klare øyeblikk.

Teksten sier følgende om dette tankespinneriet:

"Når en tanke oppstår,
følger nok en annen etter."

Vi villeder oss selv, vi fantaserer oss i senk, og når vi snur oss er oksen igjen borte, eller nok en gang langt av sted.

I denne spirende erkjennelsen må vi bestemme oss for å forfølge erfaringen med virkeligheten som bissel, eller snu oss rundt og sove videre med det egodominerte virkelighetsperspektivet trukket over sansene: En tilstand der vi kan velge å tenke på oss selv som konge eller buddha, at min erfaring med oksen er helt enestående og overgår alle andres erfaring i dybde og raffinement, noe som gjør meg helt spesiell eller hva enn man skulle se for seg i drømmeverden.

Valget gjøres av oss selv, og ansvaret ligger i vårt indre, i bevisstheten.

"Våkn opp, og alt blir sant,
forbli i søvn, og alt er falskt.
Dette skyldes ikke det ytre,
men kommer fra sinnet selv."

Jeg har møtt flere som tror at den åndelige reisen er over i denne tilstanden, og at de er kommet i mål når de har denne erkjennelsen, men som vi ser, er vi bare halvveis i bildeserien – så:

"Hold repet fast,
vend ikke om."

RI OKSEN HJEM

Introduksjon

Kampen er over,
seier og tap har ingen mening.
Nynner enkle melodier og spiller en visestubb.
Sitter skrevs over okseryggen,
lar blikket vandre.
Om kalt, vil den ikke snu.
Om holdt, vil den ikke stoppe.

Sjette dikt

Sitter skrevs over okseryggen,
reiser rolig hjem.
Melodien oppløser ettermiddagslyset.
Følelser stilnes med hver rytme og vers.
I harmoni med hverandre – er det behov for
ord?

Kommentar

Dette er det mest kjente av bildene i serien, og som gjerne gjengis som plakater og små figurer i Kina. Grunnen til dette, kan være at det er en helhetlig harmoni som råder i dette bildet. Mesteparten av instruksjonen beskriver denne tilstanden. For det første: *"Kampen er over"*. Men det er noe mer enn det – det er en leken enkelhet og fredelighet i bildet:

"Seier og tap har ingen mening.
Nynner enkle melodier og spiller en visestubb.
Sitter skrevs over okseryggen,
lar blikket vandre."

Det har skjedd en stabilisering av harmonien mellom mennesket og oksen, det har oppstått en enhet. Det er ingen pisk eller bissel i dette bildet.

"Om kalt, vil den ikke snu.
Om holdt, vil den ikke stoppe."

I denne tilstanden kan vi la livet utfolde seg og la det som skjer skje, med tillit til at veien leder dit vi skal.

Verden fremstår ikke lenger fragmentert og uklar, for nå fører alle veier hjem.
Denne freden er det mange som søker når de legger ut på sin vei. Og for mange vil nok dette beskrives som selve målet. Dette er freden av å erkjenne og gjenoppdage sin enhet eller helhet. Dette bildet konkluderer dermed reisen mot å erkjenne seg selv som én, ett menneske. Og her er det også snakk om en erfaring. Det er ikke snakk om noen endring eller utvikling, det er snarere en gjenoppdagelse av vår egen væren. Slik som vi i bilde tre får øye på oksen, som gir en bekreftelse for den søkende, får vi i denne tilstanden en tryggere tilknytning til det vi har erfart.
Så hvorfor slutter ikke bildeserien her?
For mange gjør den det.

Farene ved å forbli i enheten som kulmineres i denne andre bildeprosessen, er at man kan stivne i formen livet har tatt. Det kan gradvis oppstå et fokus på å sørge for at harmonien i bildet skal bestå uforandret. På denne måten gjenoppstår dualitetstenkningen i takt med den unaturlige klamringen til et øyeblikk som for

lengst er passert; og der det før var bevegelse og lys, er det snart bare nostalgi igjen.
Stagnasjonen kan ofte ledsages av at praksisen opphører, og man forteller seg selv at heretter skal praksisen være bare å leve dette vakre mysteriet man har tatt del i, gjennom å gjenoppta syslene og interessene en hadde før en begynte å lete etter oksen. Og slik dør vi i all hemmelighet mens vi lever livet.
Resultatet av dette blir hva tradisjonen kaller *ubrukelig zen*: Jeg har en okse som jeg satte i stallen, jeg ser aldri til den, men husker den slik den var da jeg satte den der.

VEIEN MOT Å ERKJENNE SEG SELV SOM INGEN

Mennesket alene

Introduksjon

Det er ikke to virkeligheter,
og oksen er bare et bilde;
fellen forlates når haren er tatt,
nettet legges bort når fisken er fanget.
Som gull fra slagget,
eller månens lys mellom skyer;
den enslige strålen skinte,
før evighetens evighet.

Sjuende dikt

Okseryggen bar ham til hjemmet i fjellet.
Oksen opphører, du er hjemme.
Solen har allerede stått opp,
men drøm videre.
Repet og pisken hviler i stallen.

Kommentar

Reisen videre er en reise fra å være én til å bli ingen, eller å bli selve bevegelsen og øyeblikket. Veien videre er for den som vil realisere buddhanaturen, ikke bare være i harmoni med den.
Det kreves en modenhet før dette skjer.
Jeg tenker på det som et epletre med frukt – når frukten er klar, faller den ned av seg selv. Det er ikke noe som skal erverves – det er snarere snakk om en uttømming, og denne kan så vidt jeg vet ikke initieres gjennom viljen. Den prosessen åpner seg for den som har ridd oksen over tid, og som reglemessig fortsetter å praktisere ledighet og oppmerksomhet, målrettet uten mål, som vi eksempelvis gjør i zazen-meditasjonene.
Det kan også fordres videre veiledning fra en som har gått veien før oss, og som nå i større grad er vår terapeut enn vår lærer.

For å gjøre denne bevegelsen kan ikke zen lenger være noe vi gjør – den må være noe vi er…

I dette bildet er bare mennesket igjen. Dette betyr imidlertid ikke at oksen er tapt, for fra dette perspektivet er foreningen fullbyrdet. Det er bare én væren.

"Det er ikke to virkeligheter,
og oksen er bare et bilde".

Om fokuset forblir på oksen, på buddhanaturen, vil den ikke kunne erfares som den integrerte delen av vårt hele som den virkelig er. La oksen bli en naturlig del av livet, ikke gjør den til en kuriositet eller en eksklusiv egenskap ved deg selv.

I erkjennelsen av at alt er som det er, kneler mennesket ned i kjærlighet. Men hva kan man knele for når væren er én?

I neste del av instruksjonen påpekes en viktig side ved erkjennelsesprosessen:

"Fellen forlates når haren er tatt,
nettet legges bort når fisken er fanget."

Det er viktig ikke å bli avhengig av midlene, eller å bli bundet til dem gjennom nostalgi eller andre følelser. Gjør det som er nødvendig for å komme til erkjennelse, og legg fra deg det du ikke lenger trenger på hvert trinn du tar på veien

mot det målløse målet. Vær oksegjeter når du gjeter, og slipp denne identiteten når du ikke lenger er i denne praksisen.
Arbeidet er å gi slipp på alt vi klamrer oss til. Dette betyr ikke at vi skal kvitte oss med noe, men at vi skal gi slipp på den klamrende relasjonen.
Hva er det i deg som opprettholder denne klamringen? Hva er det i øyeblikket?
Undersøk kraften du bruker på å opprettholde rollene overfor andre og overfor deg selv. Hvor viktig er det å holde masken eller maskene? Kan vi slutte å late som? Eller må vi fremstille livene våre på en bestemt måte? Er det noe å fremstille?

Så langt som dette kan zen-gåter, myter og innvielsestradisjoner hjelpe oss, men i dette bildet overskrider vi også hva som kan formidles og fremmes gjennom disse formene.

Har det skjedd en utvikling? Til dette svarer instruksjonen:
"Som gull fra slagget,
eller månens lys mellom skyer;
den enslige strålen skinte,
før evighetens evighet."
Reisen er en reise til Ingensteder, men perspektivet er på vei til å bli totalt forandret selv om væren alltid bare er som den er.

Opphørt

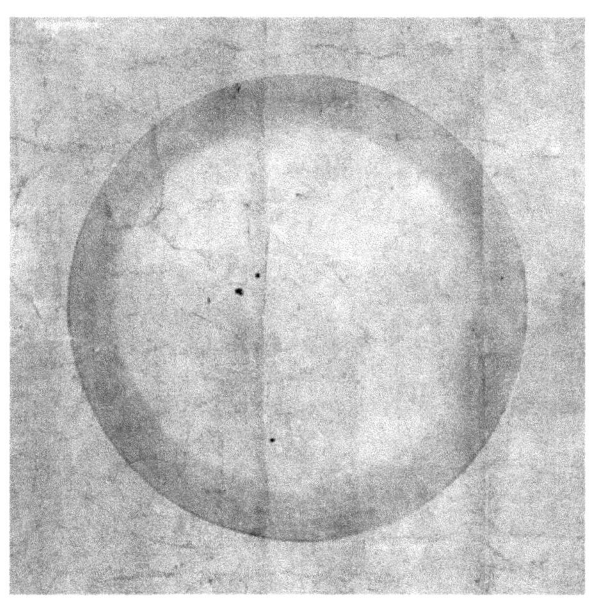

Introduksjon

Verdens drifter er kastet av,
tanker om hellighet har intet hold.
Ikke vær der Buddha bor,
passere hurtig der Han ikke er,
om vi ikke dveler ved noen av disse,
vil de tusen øynene ha vondt for å se oss.
Tusen fugler med blomsteroffer,
har ingen hensikt her.

Åttende dikt

Rep og pisk, menneske og okse,
er begge borte.
Den blå vidstrakte himmelen er ubegripelig.
Snøfnugg overlever ikke ovnens flammer.
Her har du forstått hva mesterne mente.

KOMMENTAR

I dette bildet skjer forvandlingen fra én, til det jeg i mangel på et bedre begrep må kalle ingen. *"Verdens drifter er kastet av"*.
I denne tilstanden er det ingen tvungen identifikasjon eller klamrende binding. Man lar alt som kommer være som det er, det er en spontanitet, en direkte interaksjon, for så å la det gå forbi. Det er heller ingen identifikasjon med buddhanaturen – det er en tilstand av verken-eller. Det er en total indre uttømming. Verken jeget som søkte, eller oksen som ble funnet, finnes egentlig som egne kategorier med individuell væren eller objektiv substans.
Det er som mester Dogen sa til sin læremester: "Kroppen og sinnet mitt har falt bort".
Og dette betød verken at han døde eller ble sinnsforvirret – det var her han ble anerkjent av sin læremester som klar.

Tanker om hellighet har intet hold.
Ikke vær der Buddha bor,
passere hurtig der Han ikke er,
om vi ikke dveler ved noen av disse".
Den som tar del i dette bildet, har også latt konsepter som Buddha, innvielse, progresjon, opplysning og mysteriet falle bort. Her har heller ikke de noen mening.
Zen er å gripe intetheten med erfaring, og nå er dette innen rekkevidde.
Det er her zennisten dypper pennen i stillheten og tegner en evighet.

Videre sier teksten at *"[Her]vil de tusen øynene ha vondt for å se oss"*, selv ikke barmhjertighetens bodhisattva.
For dette er utslukningen av all klamring, det er absolutt virkelighet og absolutt kjærlighet, kjærlighet uten et fast mål eller objekt.
"Tusen fugler ofrer blomster,
men dette har ingen hensikt."
Dette henviser til Niutou Fajung, en kinesisk munk, som var så from at fuglene ofret blomster til ham. Men da han møtte den fjerde

zenpatriarken og lærte av ham, sluttet fuglene med dette.

Allegorisk sett ofres det blomster til den som er én, men ikke til den som er blitt ingen. Og om det ble ofret blomster til disse, ville det ikke vært til noen nytte for den som mottok dem, og i ytterste konsekvens til hinder for den som gav dem, da slik tilbedelse heller ville bane vei for fantasier og projeksjoner.

Som man ser er det ikke annet enn en ramme på dette bildet, en sirkel eller en klassisk *enso*-sirkel. Det kan være evigheten som rommer alt eller det fullkomne intet, som i og for seg er det samme …

Dette er utslukningen, en stor indre død, mens livet leves med intensitet og nærvær.

REINTEGRASJON

Introduksjon

Opphavelig ren og edel,
uten den minste flekk.
I fred i det ubetingede,
betrakter han liv og død.
uten fantasi-fantomer.
Hva er det å foredle?
Vannet er blått og fjellet grønt.
Han sitter og betrakter tilblivelse og forfall.

Niende dikt

Tilbake til opphavet, tilbake til kilden,
hadde anstrengelsen ingen hensikt,
Bedre å bli blind og døv,
i en hytte ser man ikke ut.
Strømmer følger sin egen vei,
blomster blir røde når de blomstrer.

KOMMENTAR

Dette er kulminasjonen på tredje prosess. Etter utslukningen, når forløsningen fullendes i intet, kommer den store oppvåkningen eller tilstedeværelsen. Man er i verden, men gjennomskuer alt som er.

"Opphavelig ren og edel,
uten den minste flekk.
I fred i det ubetingede,
betrakter han liv og død.
uten fantasi-fantomer."

Det er en oppmerksomhet og en fred, men den er ikke en flukt fra virkeligheten. Det er heller en forening med den, der alt er hverdagslig. Det er ikke noe spesielt, og nettopp dette er veldig spesielt!
Det er ingenting som skal foredles eller forvandles, alt er som det alltid har vært; den eneste forskjellen er at det er klart og åpent og bevisst.

"Hva er det å foredle?
Vannet er blått og fjellet grønt.
Han sitter og betrakter tilblivelse og forfall."
Alt er i forandring, men den som er i virkeligheten, betinges ikke til klamring; alt er som en elv som flyter forbi. Det er evigheten som flyter forbi øyeblikket.

"Bedre å bli blind og døv".
Dette betyr ikke at det er en velsignelse å få et varig mén, men det henviser til en tilstand der det ikke er noen søken etter noe å se eller noe å høre. Når vi hører er det bare høring, når vi ser er det bare seing. Det er ikke et subjekt som ser eller hører. Erkjennelsen av hva dette betyr, er virkeliggjøringen av dette bildet.

Så har veien vært bortkastet?
Vel, veien var aldri veien, så hva er det vel å kaste bort?
Det er intet subjekt som erfarer, for det som er, det er:
"Strømmer følger sin egen vei,
blomster blir røde når de blomstrer."

MARKEDSPLASSEN

Introduksjon

Han lukker porten til hytten sin,
selv ikke de tusen vismenn kjenner til ham.
Han gjemmer sitt lys i sin egen kunnskap,
og går imot tidligere vismenns spor.
Kommer til markedsplassen med gresskarveske,
lener seg på staven, og vender hjem.
Gir buddhaskapet til bartendere og
fiskehandlere.

Tiende dikt

Kommer til markedet, barbrystet og barføtt.
Dekket i aske og søle, men ansiktet smiler.
Uten å bruke guders eller magikeres mysterier,
får han visne trær til å spire på ny.

Kommentar

Dette bildet kan være begynnelsen eller slutten på serien ut fra om man identifiserer seg med mannen eller gutten.
På bildet er ikke lenger gutten som har gått veien et barn, men en voksen, virkeliggjort våken person som hjelper en liten gutt –en pilegrim som er frigjort fra fordommer og forventninger.
"Han lukker porten til hytten sin,
selv ikke de tusen vismenn kjenner til ham.
Han gjemmer sitt lys i sin egen kunnskap".
Han er forløsning personifisert, den ukjente i den forstand at ingen vet omkretsen på evigheten han er bevisst i seg selv.
"Og går imot tidligere vismenns spor."
En buddha følger ikke i andres spor, men er som en kunstner som går dit han går, en veiviser som kan gå veien sammen med deg til du selv kan være din egen veiviser.
Zenmester Muso Kokushi sier at en zenmester ikke er bundet av et gitt formspråk eller visse

metoder. Metodene og tilnærmingen er avhengig av det menneskelige møtet. Vismannen kan like gjerne være å finne på en pub som i et tempel med kostbare statuer:
"Kommer til markedsplassen med gresskarveske,
lener seg på staven, og vender hjem.
Gir buddhaskapet til bartendere og fiskehandlere."
Denne delen av instruksjonen minner også om Jesus som menget seg med pengevekslere og prostituerte, og som sa at det ikke er de friske som trenger medisin.
Han er Hanshan, Frostfjell, som kommer til Kuoching-templet som en eiendommelig leende vismann, og som utfordrer munkene. Han er en utradisjonell lærer som etterlater sin visdom på steiner og vegger i form av korte dikt; og i samtaler med folket på torget og på pubene, kommer alle til erkjennelse, alle våkner. Dette skjer ikke på bakgrunn av vilje eller teknikk, det skjer snarere gjennom at han uttrykker sitt vesen. Alle blir dypt forvandlet av møtet med denne livskunstneren som kan fremstå i utallige former og skikkelser. Det er øyet som evner å se; eller som i kristendommen: La den som har ører høre.

AVSLUTTENDE REFLEKSJONER

Jeg holdt en presentasjon av min forståelse av bildeserien på vintermeditasjonssamlingen vi hadde i Hallingdal i 2014. Dette fikk meg til å tenke på en fallgruve jeg har sett hos flere som søker okse-prosessen eller tilsvarende i vestlig esoterisk tradisjon. Jeg vil ta med dette på slutten slik at det kan være til refleksjon for den som leser boken, og gjerne som tema blant de som veileder andre. Selv har jeg bare veiledet andre i litt over ti år, men har på denne knappe tiden allikevel gjort meg noen viktige erfaringer. Det jeg vil belyse er tendensen til å tro at man ved å få en erkjennelse i bilde tre, altså når man ser oksen, umiddelbart også har realisert bilde seks, at man rir på oksen hjem. Og at man også da er kommet til bilde ti, men da med tanker om seg selv som en mirakelmann og læremester av uvanlige proporsjoner.

Grunnen til at jeg tar dette opp er at jeg gjerne vil stille en diagnose til denne prosesshoppingen. Jeg opplever, særlig i den vestlige esoteriske tradisjonen og de gnostiske

skolene som jeg har mest erfaring fra, at det ligger mye fokus på hvordan man skal komme til bilde tre, hvordan du skal finne oksen.
Deretter finnes det også en god del beskrivelser av hvordan den opplyste adepten eller vismannen skal være eller ikke være, men i liten grad hvordan man skal komme dit.
Jeg tror dette fører til at flere av dem som får en erfaring med oksen ser til bildet med gjeteren med okserytteren, og forsøker å trykke seg selv inn i denne formen i håp om at dette skal føre til at man forvandles gjennom å oppholde seg lenge nok i formen. Videre tror jeg at dette er en viktig vei til frustrasjon, ulykkelighet og til slutt et behov for å opprettholde en fasade for andre, slik at man ikke skal fremstå som mislykket.
Dette er naturlig når man investerer mye tid og krefter i noe som oppleves som om det gir liten avkastning.
Jeg tror ikke dette er en bevisst strategi, men et uheldig utfall av mangelfull beskrivelse av en sunn prosess.
Den tredje prosessen er også etter min mening svært sparsomt beskrevet, foruten gjennom obskure gåter og overkompliserte bilder som

kan appellere til regresjon tilbake i årevis med symbol- og mytestudier.
Min erfaring er at dette igjen fører til at bilde ti holdes som mål, og at det igjen gjøres et hopp, og at man bekler egenskapene man tenker tilhører bildet mens man holder på med praksis man håper eller tror skal føre frem til fullbyrdelsen av den.

Så min appell er at vi må se nøye på oss selv mens vi vandrer, slik at vi ikke mister oksen av syne fordi vi blir trofaste mot forventningene til effektene dette skal gi livene våre, snarere enn de faktiske erfaringene vi gjør oss i prosessen vi har i dette møtet.

Appendiks

Pu Mings Oksegjeter

Det finnes flere versjonaer av oksegjeterbildene. Det er mulig å se likheter i disse og det kan hevdes at de beskriver den samme prosessen på litt forskjellige måter. Som vedlegg i denne boken lar jeg bildene til Pu Ming tale for seg sammen med de tilhørende versene. Denne serien ble utgitt av Chu Hung i 1609. Denne bildeserien ble populær i vesten gjennom D. T Suzukis *Manual of Zen Buddhism.*

Utemmet

En rasende okse med spisse horn
Løper gjennom fjell og daler
En mørk sky dekker dalen
Hvem vet hvilke vekster som tråkkes ned

Temmingen begynner

Med ett trer jeg reipet gjennom dens nese
Den forsøker å rømme men jeg bruker pisken
Av hele sitt vesen kjemper den imot
Men uforferdet holder gutten igjen.

Kuet

Tøylet faller oksen til slutt til ro
Gjennom vann og land følger den etter
Tauet holdes allikevel stramt
Årvåkent uten å tenke på hvile

Omvendelse

Treningen lykkes og oksen omvendes
Dens ville og råe vilje kommer endelig til ro
Men enda har ikke gutten tillit til oksen
Tauet beholdes og oksen er bundet til et tre.

Temmet

Under grønne piletrær ved en gammelt elv
Løses oksen så den kan gjøre som den vil
Når kveldsdisen legger seg over engene
Vender gutten hjem i følge med oksen

Ubundet

Oksen hviler fredlig på bakken
Pisk og tau legges for alltid bort
Gutten hviler også under en furu
Spiller fredlige toner og er fylt med glede

Alt er som det er

Piletrærne ved elven gløder i solnedgangen
En lett tåke legger seg over det frodige gresset
Den spiser og drikker når den er sulten og tørst
Bekymringsløst slumrer gutten på steinen

Alt forglemmes

Den hvite oksen dekkes av skyer

Verken menneske eller dyr har noen bekymring

Månens skygge gjennom hvite skyer er hvit

Skyene går øst og månen går vest

Alene i lyset

Oksen er borte og gjeteren er sin egen herre
En ensom sky blant fjelltoppene
I måneskinnet klapper og synger han glede
Bare ett hinder igjen på veien hjem

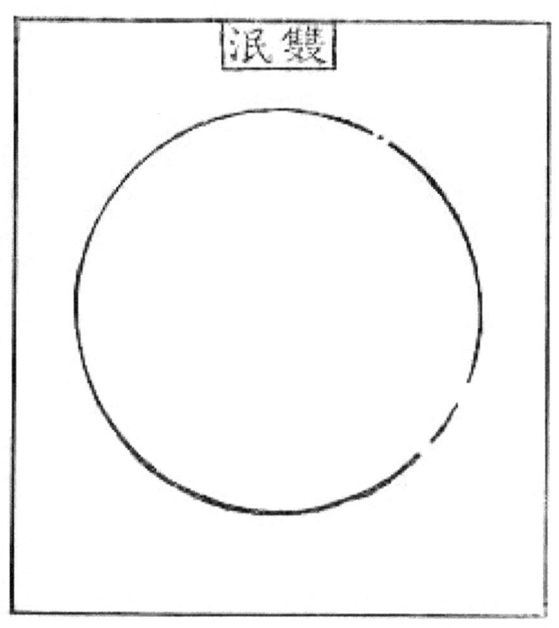

Begge er borte

Menneske og dyret er begge borte
Månelyset kaster ingen skygger i tomrommet
Og hva skal så alt dette her bety
Se blomstene og gresset i villmarken.

Krystianias utgivelser

Ødegaard, Rune: Nøkkelen: Sethiansk gnostisisme i praksis 2009

Svela, Ove Joachim: Kabbalah: Vestens levende mysterietradisjon 2010

Ødegaard, Rune: Corpus Hermeticum 2010

Ødegaard Rune: Salomos Oder 2011

Ødegaard, Rune: The Key: Sethian Gnosticism in the postmodern world 2011

Ødegaard, Rune: The Gate: Sethian Gnosticism in the postmodern world 2012

Nykland, Sølvi: Noreas Bok: Drømmer om døden og skapelse 2013 de la Croix, Désir: Martinistordenen Ordre Reaux Croix 2013

Ødegaard, Rune: Veien er Zen: Bodhidharmas lære 2013

Ødegaard, Rune: Porten: Sethiansk gnostisisme i praksis 2013

Evjen, Knut: Teofobi: Den gudfryktiges åpenbaring 2013

Ødegaard, Rune & Lindalen, Turi: Frostfjell: Zen-poesi fra fjellet 2013

Ødegaard, Rune & Moricario: The Cabinet: Sethian Gnosticism in the postmodern world 2014

www.ingramcontent.com/pod-product-compliance
Ingram Content Group UK Ltd.
Pitfield, Milton Keynes, MK11 3LW, UK
UKHW021642190726
13853UKWH00001B/4

9 788293 295037